Mestres da Música no Brasil



*André Diniz e Juliana Lins*

# Braguinha

## (João de Barro)

1ª edição
São Paulo, 2007

Moderna

90
2/100

O dia é 13 de julho. O ano, 1950. O Rio de Janeiro acaba de inaugurar o maior estádio do mundo, o Maracanã, palco dos mais importantes jogos da Copa do Mundo daquele ano. Depois de vencer México, Iugoslávia, Suécia, o adversário do Brasil agora é a Espanha. O estádio está lotado, a torcida, confiante no seu time de craques, mas tensa com a partida contra a temida seleção espanhola. O primeiro tempo é uma festa de gols feitos por Ademir, Jair e Chico. Lá pela comemoração do quarto gol do Brasil, o segundo de Chico na partida, os torcedores, que mal podiam acreditar no que viam, começam a cantar:

*"Eu fui às touradas em Madri*
*Pararatim bum-bum-bum*
*Pararatim bum-bum-bum*
*E... quase não volto mais aqui*
*Pra ver Peri*
*Beijar Ceci..."*
*(...)*

*João de Barro e Alberto Ribeiro*
*© by Mangione, 1938*

Em pouco tempo, os 180 mil torcedores que estão no estádio entoam a marchinha, sucesso do último carnaval, com exceção de um deles. No meio da multidão, um homem de bigode, com jeito simpático e gentil está sentado ao lado da filha. A menina Maria Cecília tem 11 anos e, com os olhinhos arregalados, admira a beleza do espetáculo. Mas o que chama a atenção dos vizinhos de arquibancada daqueles dois é que naquele momento o homem, em vez de cantar, chora. Vendo as lágrimas escorrerem do rosto de um pai de família, um sujeito forte, sentado ali ao lado, diz em voz alta para quem quiser ouvir: "Todo mundo aqui cantando feliz com a vitória do Brasil e esse danado de espanhol aí chorando pela derrota da sua seleção. Só me faltava essa!". O que o sujeito não podia imaginar é que o tal homem de bigode, sentado ali, anônimo, no meio da multidão, é o brasileiríssimo Braguinha, autor daquelas "Touradas em Madri".

Gol do Brasil contra a Espanha, durante a Copa do Mundo de 1950, no Maracanã, Rio de Janeiro.

© WILNEI/AJB

Garrincha, craque do Botafogo (time de Braguinha) e da seleção brasileira.

Braguinha chorava porque, aos 43 anos de idade, nunca tinha imaginado viver tamanha emoção: ver o baile de futebol do time do Brasil ao som da marchinha que compôs com o amigo Alberto Ribeiro. O jogo terminou com uma inesquecível goleada de 6 a 1 e, ao apito final, a arquibancada ainda tremia com os pulos da torcida: Pararatim bum-bum-bum!

Não foi na Copa de 1950 que Braguinha viu o Brasil ganhar o mundial. Alguns dias depois, o Brasil perdeu para o Uruguai em pleno Maracanã. Com a derrota por 2 x 1 a alegria das Touradas em Madri foi substituída pelo rio de lágrimas da torcida. Somente em 1958 os milhões de brasileiros puderam soltar o grito de é cam-pe-ão... é cam-pe-ão!

Além de fervoroso torcedor do Brasil e do Botafogo, Braguinha é um dos brasileiros mais importantes do século XX. Essa é a história que nós vamos contar, a história de um homem que é, sobretudo, um grande contador de histórias.

O multiartista Braguinha.

Braguinha nasceu no dia 29 de março de 1907, filho de dona Carmem e de seu Jerônimo José Ferreira Braga. Os pais lhe deram o nome de Carlos Alberto Ferreira Braga, mas Carlos virou Carlinhos para a família e Carlinhos virou João de Barro por vontade própria. João de Barro virou ainda Braguinha para o Brasil inteiro, mas essa história do nome a gente conta mais lá pra frente.

Braguinha criança.

Por enquanto Braguinha é uma criança... Voltemos então lá para o dia de seu nascimento. Braguinha nasceu na Semana Santa, mais exatamente na Sexta-feira da Paixão, no comecinho do século XX. As procissões passavam por ali quando o menino entrou no mundo chorando, o parto feito em casa mesmo, como era de costume. A casa era na Gávea, bairro da zona sul do Rio de Janeiro, onde o menino morou nos primeiros anos de vida até as terras da família serem desapropriadas para a construção do Jóquei Clube. Quando isso aconteceu, os Braga foram morar na rua General Severiano, em Botafogo, bem perto da sede do clube alvinegro. Foi aí que Braguinha começou a torcer pelo Botafogo, que seria para sempre seu time do coração. Depois disso, por volta de 1919, a família foi morar em Vila Isabel, nos arredores da Fábrica de Tecidos Confiança, onde seu Jerônimo era gerente. O terreno era grande e abrigava, além da fábrica, dois açudes, uma escola, uma vila operária, um campo de futebol e dois clubes, o Confiança Atlético Clube e o Progresso e Confiança.

Antiga Fábrica de Tecidos Confiança, hoje um supermercado que procurou conservar a fachada.

Quando foi para Vila Isabel, Braguinha entrou para o Colégio Batista, no bairro vizinho da Tijuca.

Nesse colégio Braguinha fez novos amigos, um deles chamado Henrique Brito. Podemos abrir um parêntese para dizer uma coisinha? É só para falar que certamente essa história não seria a mesma se a família Braga não tivesse se mudado, se Braguinha não entrasse nesse colégio e não ficasse muito amigo desse Henrique. É assim com as coisas da nossa vida, não é mesmo? Nunca saberemos o que teria acontecido se tivesse sido de outro jeito. Agora fecha o parêntese.

Violão de Braguinha, desde que começou no Bando de Tangarás.



Esse novo ambiente foi importantíssimo para que o jovem aluno começasse a gostar de música e a se interessar pelas artes de forma geral. Henrique Brito, um moreno forte, irreverente, irrequieto, tinha o apelido de Violão porque andava pelos cantos da escola tocando um violão de uma corda só.

Por influência do amigo, Braguinha começou a ensaiar seus primeiros acordes no violão e passou a conhecer outros jovens músicos de Vila Isabel. Os alunos do Colégio Batista adoravam se reunir com Braguinha, Henrique Brito e Alvinho para cantar, compor, tocar violão e se divertir nas reuniões sociais na Tijuca, Andaraí e Vila Isabel.

Esses jovens formaram então o grupo musical Flor do Tempo e apresentavam-se em casas de amigos e clubes. O grupo fez sucesso e resolveu profissionalizar-se e mudar de nome.

Agora vamos abrir aspas porque o próprio Braguinha vai explicar como foi a escolha desse nome:

"Eu conhecia uma lenda muito interessante sobre os tangarás, pássaros que se reúnem em círculo para cantar e dançar na floresta. Como éramos também um grupo que se reunia para cantar, pareceu-me adequada a denominação Bando de Tangarás".

Colégio Batista, no bairro da Tijuca.

© LUIZ CLÁUDIO MARIGO/ OPÇÃO BRASIL IMAGENS

Tangará-dançador.

© ACERVO DA FAMÍLIA

Bando de Tangarás.

Charge de Nássara representando o Bando de Tangarás.

© NÁSSARA/MNBA

Reza a lenda indígena que o canto dos tangarás é tão belo que os índios, atraídos por ele, se embrenham pela mata e por lá ficam, encantados com o cantar da passarada.

Além de dar o nome do grupo, Braguinha achava que a história dos tangarás podia inspirar os compositores a adotarem nomes de passarinhos, mas parece que os outros tangarás do bando discordaram. Mesmo assim Braguinha escolheu o seu nome artístico e passou a assinar todas as suas músicas como João de Barro, o pássaro-arquiteto que constrói sua própria casa. Ele mesmo explica:

"Compor e cantar sambas no meu tempo era sinônimo de desocupado e, de mais a mais, eu era, e continuo sendo, um tímido. Como todos ou quase todos os componentes do Bando de Tangarás tinham um apelido, resolvi me esconder como um joão-de-barro."

MINISTERIO DA EDUCAÇÃO E SAÚDE PUBLICA.

ESCOLA NACIONAL DE BELLAS ARTES

O Snr. Carlos Alberto Ferreira Braga morador á rua Candido Benicio n.º 219 acha-se matriculado na 2ª serie do curso Geral desta Escola sob o numero ..........

Secretaria da Escola Nacional de Bellas Artes, 30 de Março de 1931

O Secretario

O Alumno

Carlos Braga



Carteira de Braguinha da Escola Nacional de Belas-Artes.

Naquele tempo as famílias tradicionais não gostavam que seus filhos virassem artistas. Seu Jerônimo, o pai de Braguinha, costumava dizer: "Não quero filho meu tocador de violão". A partir daí Carlos Braga ou Braguinha seria João de Barro por muito tempo. Mas fica decidido que aqui nessa história a gente vai chamá-lo só de Braguinha pra não confundir a cabeça de ninguém.

Quando acabou o colégio, Braguinha resolveu estudar arquitetura, talvez para combinar mais com o nome ou para o nome combinar melhor com ele. Depois de três anos de estudo decidiu que seu negócio não era planejar prédios e casas como um arquiteto, mas construir músicas como um passarinho!

O Bando de Tangarás recebeu ainda dois novos artistas que ficariam célebres na música brasileira:

Um joão-de-barro e sua casa.

Noel Rosa e Almirante. Esses dois, junto com João de Barro, Alvinho e Henrique Brito, fizeram muito sucesso a partir de 1929. Braguinha com sua voz de tenor registrou algumas de suas músicas em disco, mas o cantor oficial era mesmo Almirante, compositor e radialista. Almirante, depois, entraria também para a família Braga casando-se com Ilka, irmã de Braguinha. O Bando foi um dos primeiros grupos de música popular formado por jovens da classe média carioca e entrou para a história por ter gravado pela primeira vez uma música com os instrumentos de percussão das escolas de samba do Rio de Janeiro. A música "Na Pavuna" teve direito a surdo, tamborim, cuíca, pandeiro, reco-reco e tudo o mais de que um bom samba precisa.

Outro Tangará que começou a ficar muito conhecido nessa época foi Noel de Medeiros Rosa. Estudante de medicina, Noel também largou a faculdade e tornou-se o poeta da Vila e do samba. Noel, Braguinha e o resto do bando freqüentavam muito o Café Papagaio, que ficava na rua Gonçalves Dias, no centro do Rio. Um outro café muito conhecido e freqüentado por cantores e

Lamartine Babo (à esquerda) e Almirante, na década de 1930.

Noel Rosa, o poeta do samba.

© AE

compositores da época era o Café Nice, mas Braguinha achava o Papagaio mais tranqüilo, o melhor lugar para encontrar os amigos, bater papo furado e fazer músicas! No Papagaio nasceram ou foram finalizadas muitas músicas de Braguinha. Antes disso o Papagaio já era ponto certo de Chiquinha Gonzaga, Ernesto Nazareth e do escritor Lima Barreto. A origem do nome do lugar é curiosa. Diz a lenda que havia no café um papagaio chamado Bocage, considerado o mascote do grupo. Pois bem, parece que Bocage costumava repetir palavrões impublicáveis e versinhos pornográficos ditados pelos fregueses e por isso acabou virando a grande atração da casa. Um dia a polícia levou o papagaio; no café ficou só o nome.

Certa vez Noel estava sentado à mesa do canto do Café Papagaio quando Braguinha entrou e propôs: "Noel, vamos fazer uma música com aquele ritmo das pastorinhas que desfilam em Vila Isabel na noite dos Santos Reis?" Começava a nascer aí "As pastorinhas", um clássico da música brasileira.

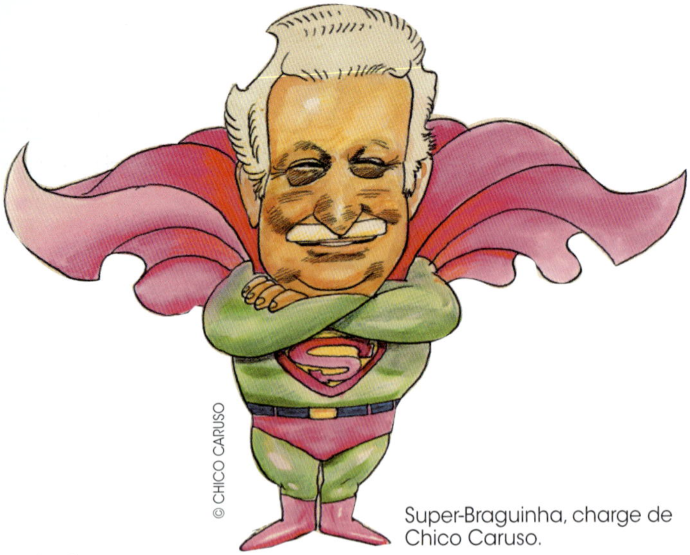


Super-Braguinha, charge de Chico Caruso.

"A estrela d'alva
No céu desponta
E a lua anda tonta
Com tamanho esplendor...
E as pastorinhas
Pra consolo da lua
Vão cantando na rua
Lindos versos de amor.

Linda pastora
Morena da cor de Madalena...
Tu não tens pena de mim,
Que vivo tonto com o teu olhar.
Linda criança
Tu não me sais da lembrança...
Meu coração não se cansa
De sempre sempre te amar."

*Noel Rosa e Braguinha*
*© by Mangione, 1934*

Essa parceria com Noel Rosa se intitulava "Linda pequena" e, quando lançada, não fez sucesso. Depois da morte de Noel, Braguinha fez algumas alterações na letra. A música foi então gravada por Silvio Caldas já com o nome de "As pastorinhas" e foi a grande vencedora do carnaval de 1938.

Amigo dos Braga, o poeta da Vila também fez música citando o patriarca da família. O samba "Três apitos" foi feito para uma jovem operária por quem Noel se apaixonou e que não lhe dava a menor atenção. Em determinado trecho da música ele fala que tem ciúme "do gerente impertinente que dá ordens a você". Pois o tal do "gerente" era seu Jerônimo, o pai de Braguinha e patrão da moça.

Como já falamos, o pai de Braguinha era gerente da Fábrica de Tecidos Confiança, em Vila Isabel. Assim, o jovem Braga acompanhou de perto o surgimento no Brasil de duas classes sociais: a burguesia industrial e o proletariado, a classe dos trabalhadores das fábricas (como a jovem por quem Noel Rosa estava apaixonado). Nas primeiras décadas do século XX várias outras fábricas em Bangu e arredores fizeram parte do processo de industrialização no Rio de Janeiro. A infância e a juventude de Braguinha estiveram sempre muito ligadas a esse contexto de industrialização e sobretudo à Fábrica de Tecidos Confiança. Foi lá que o compositor conheceu Astréa Rabello Cantolino. Um dia, Braguinha foi à casa do guarda-livros da fábrica (o sujeito que cuidava das contas, uma espécie de contador) e a moça estava estudando no quintal com a amiga Nadir. Antes de qualquer outra coisa o dono da casa perguntou: "Braguinha, você quer conhecer uma moça bonita?". Braguinha quis e em 29 de janeiro de 1938 casou-se com a moça. Desse casamento nasceu sua única filha, Maria Cecília (a menina dos olhos arregalados no Maracanã, que ainda vai aparecer nesta história).

© ACERVO DA FAMÍLIA

Casamento de Braguinha e Astréa.

Antes disso, pelos anos de 1929, a Fábrica de Tecidos Confiança deixou de fazer parte da história da família de Braguinha. Seu Jerônimo ficou doente e Braguinha, como filho mais velho, teve de dar duro assumindo a responsabilidade pelo sustento da casa. Trabalhou vendendo terrenos e foi funcionário da seção de discos da empresa Mestre & Blatgé (futura Mesbla, que hoje não existe mais). Mas a veia artística continuava a pulsar forte nos sonhos do jovem. Ele começou a fazer muita música e aos poucos o meio artístico que seu pai tanto desprezava já lhe dava o sustento esperado.

Braguinha (à esquerda, sentado) e seus irmãos.

Em toda sua carreira Braguinha compôs sambas, canções, músicas juninas e infantis, mas foi primeiramente por conta das marchinhas de carnaval que ele ficou conhecido no Brasil inteiro. Marchinha é um gênero musical que surgiu com a composição "Ó abre alas", de Chiquinha Gonzaga, em 1899. São músicas de ritmo alegre, melodias simples, fáceis de decorar e cantar; as letras são leves, satíricas e bem-humoradas. O povo cantou muitas marchinhas pelas ruas do Rio de Janeiro e nos bailes de clubes de 1920 até 1960. Uma marca registrada das marchinhas é que elas quase sempre falam de acontecimentos do cotidiano e retratam com muita graça fatos da política, dos costumes e hábitos da sociedade da época.

As marchinhas de Braguinha falam muito das mulheres. Seu estilo combina senso crítico, malícia, doses certas de lirismo e humor. "Moreninha da praia", "Linda lourinha", "A mulata é a tal", entre tantas outras, são algumas das composições que falam de mulheres e do cotidiano. "Moreninha da praia", por exemplo, composta em 1933, fala do ano em que as moças cariocas deixaram de usar meias para andar na avenida da praia. "Mais sensacional do que as minissaias de hoje", disse Braguinha certa vez. Na época isso era uma ousadia, um escândalo que deu o que falar.

Talvez não tenha existido um tema que inspirasse tantas composições populares como a Segunda Guerra Mundial. Iniciada em 1939, a guerra foi uma tentativa da Alemanha de Adolf Hitler e da Itália de Benito Mussolini de impor o domínio nazista no mundo. Os nazistas defendiam a perseguição aos judeus, o fim da democracia e dos partidos políticos, obediência cega a um líder e nacionalismo extremo. Em 1945, os nazistas foram derrotados pelos

Braguinha (em pé, à esquerda) e seus irmãos.

países da Aliança: Estados Unidos, Inglaterra, União das Repúblicas Socialistas Soviéticas (ex-URSS), entre outros. O Brasil também participou enviando tropas para combater a Itália.

Braguinha e Alberto Ribeiro não perderam a oportunidade de criticar o *führer* (líder) alemão em uma de suas marchinhas, sempre com alegria e bom humor, mesmo em se tratando de assunto tão sério. Assim, no ano de 1943, Adolf Hitler apareceu no carnaval transformado em um tesoureiro desastrado e fanfarrão, o "Adolfito mata-mouros":

"A los toros,
A los toros,
A los toros, Adolfito mata-mouros (bis).

Adolfito bigodinho era um toureiro
Que dizia que vencia o mundo inteiro
E num touro que morava em certa ilha
Quis espetar a sua bandarilha.

Mas o touro não gostou da patuscada
Pregou-lhe uma chifrada.
Tadinho do rapaz!
E agora o Adolfito, caracoles,
Soprado pelos foles,
Perdeu o seu cartaz."

*João de Barro e Alberto Ribeiro*
*© by Mangione, 1943*

Estátua de Braguinha em Copacabana.

© CARLOS LUVIZARI/CID

© ARI GOMES/AJB

O folião Braguinha ao lado da cantora Clara Nunes, na Banda de Ipanema, carnaval carioca, 1975.

Alberto Ribeiro foi o principal parceiro de Braguinha. Formado em medicina, escolheu o caminho das letras e melodias e encontrou-se com Braguinha pela estrada da vida. Difícil definir a participação de cada um nas 85 canções que fizeram durante 20 anos. "Chiquita bacana", "Tem gato na tuba" e "Yes! Nós temos bananas" foram três das mais conhecidas. Braguinha ainda teria parcerias com os compositores Jota Júnior e Alcir Pires Vermelho.

Ao final dos anos 1930, Braguinha já era, ao lado de Lamartine Babo, o rei do carnaval carioca, isso muito antes de ser também campeão do "maior espetáculo da Terra", o desfile das escolas de samba do Rio de Janeiro.

Além das já citadas marchinhas, Braguinha tem excelentes sambas. Ah, sim, caso você não saiba, é importante esclarecer que marchinha é uma coisa, samba é outra, embora ambos convivam muito bem quando se encontram no carnaval. O samba é filho da mistura de ritmos europeus e africanos e surgiu no Rio de Janeiro dos anos 1920. Cavaquinho, violão, pandeiro, tamborim, surdo, agogô, reco-reco são instrumentos básicos de uma roda de samba ou de um desfile de escola de samba. Imortalizado pelo mangueirense Cartola e pelo poeta Noel Rosa, da Vila Isabel, o samba é o mais importante gênero musical brasileiro.

Por isso não foi de se espantar quando, em 1984, Braguinha virou enredo da escola de samba mais popular do Brasil, a Mangueira. O samba-enredo "Yes, nós temos Braguinha" fazia referência ao título de uma das mais conhecidas composições de nosso personagem. O homenageado, que em vez de arquiteto virou compositor de mais de 400 músicas, levou a verde-e-rosa do Rio de Janeiro a ser a primeira campeã do Sambódromo, a passarela do samba projetada pelo arquiteto Oscar Niemeyer. Braguinha, em cima de um carro alegórico, testemunhou a platéia pedir bis. O mais espantoso foi que o bis aconteceu: pela única vez na história dos desfiles, uma escola fez o caminho de "volta", desfilando pela avenida a vida de Braguinha, um pouquinho da história e do trabalho do artista em cada ala da escola.

Braguinha desfilando na Mangueira. Ao lado, capa da revista *Manchete* com o desfile da Mangueira homenageando Braguinha, em 1984.

Assim, entre alegorias e adereços estavam por lá grandes sucessos, como as canções "Copacabana" e "Carinhoso". Copacabana é o bairro mais famoso do Rio de Janeiro. A beleza da praia serviu de inspiração no final dos anos 1950 para que jovens músicos, trabalhando nas boates da rua Duvivier, dessem os primeiros passos da bossa nova de Vinicius de Moraes, Tom Jobim e João Gilberto. Antes que isso acontecesse, Braguinha também buscou inspiração no bairro e na praia para, em 1946, compor, com o parceiro Alberto Ribeiro, a música "Copacabana". Encomendada para inaugurar um *night club* (boate) de Nova York que teria o mesmo nome da praia, a composição suave e romântica fez sucesso na voz do jovem cantor Dick Farney; quando ele começava a cantar os primeiros versos, as mocinhas suspiravam:

*"Existem praias tão lindas*
*Cheias de luz*
*Nenhuma tem o encanto*
*Que tu possuis*
*Tuas areias*
*Teu céu tão lindo*
*Tuas sereias*
*Sempre sorrindo..."*

*João de Barro e Alberto Ribeiro*

"Meu coração, não sei por que, bate feliz, quando te vê"... Pixinguinha compôs essa melodia em 1917, aos dezenove anos. Ele era compositor de choro, gênero instrumental riquíssimo que surgiu ao final do século XIX, e foi um dos mais importantes nomes da música brasileira. "Carinhoso" foi gravada só com o instrumental e não "pegou". Em 1936, quase 20 anos depois, a cantora e atriz Heloísa Helena pediu a Braguinha uma canção nova

Vista geral da praia de Copacabana, na década de 1950.

que marcasse sua presença em um evento no Teatro Municipal do Rio de Janeiro. Ele acabou aceitando a idéia da amiga de pôr letra no choro feito por Pixinguinha e foi aí que nasceram os versos da música. O cantor Orlando Silva gravou "Carinhoso" em 1937, consolidando um dos grandes sucessos da sua brilhante carreira. Depois disso, "Carinhoso" teve várias gravações e é até hoje a música mais gravada dos dois compositores.

Pixinguinha toca um chorinho no 2º Festival da Velha Guarda (iniciativa de Almirante e da Rádio Record), em São Paulo, 1955.

Outra faceta do trabalho de Braguinha são as músicas juninas. O samba-enredo de 1984 também não se esqueceu delas; lá estavam o Mané fogueteiro e a fogueira de São João. As festas que homenageiam três santos da Igreja Católica – São João, São Pedro e Santo Antônio – chegaram ao Brasil com os portugueses na época da colonização e acontecem no mês de junho, sobretudo no nordeste brasileiro. Da França veio a dança e por isso o "sotaque" afrancesado dos vários passos: alavantu, anarriê! Aos poucos, como tudo que chega por aqui, a gente foi abrasileirando a festa, colocando aí o nosso balancê e mais uma vez, nesse processo, lá estava Braguinha. Versos como "Capelinha de melão é de São João/É de cravo, é de rosa, é de manjericão...", e outras músicas, como "Noites de junho",

"Festa de São João", "Mané fogueteiro" e "Pedido a São João", são algumas das deliciosas composições de Braguinha que, com pamonha, canjica, milho assado e cuscuz, são presença certa nos festejos juninos.

As músicas de Braguinha só puderam ser gravadas porque, em 1902, surgiu no Rio de Janeiro a primeira fonográfica (companhia de discos) brasileira – a Casa Edison. A carreira de gravações de nosso personagem começou, como já vimos, no Bando de Tangarás, quando João de Barro (Braguinha) registrou quinze composições de sua autoria nos anos 1930. Depois desse passo importante que era registrar a música em disco havia um outro desafio: a venda. Foi aí que entrou em campo outro grande aliado dos compositores e cantores: o rádio. Braguinha fez parte da chamada Era de Ouro da Música Brasileira, o momento em que, por meio desses dois instrumentos – gravadora e rádio –, houve também a popularização dos músicos e intérpretes (os grandes cantores).

Intérpretes como Francisco Alves, compositores como Ary Barroso e instrumentistas como Garoto são representantes de um dos períodos mais férteis da música brasileira. Todas as famosas composições de Braguinha estiveram nas ondas sonoras da Rádio Nacional, Mayrink Veiga e Record, seus principais canais de divulgação.

Braguinha com famosos cantores.

E na história profissional de Braguinha outra arte veio se juntar à música com grande importância. Braguinha, um compositor tão talentoso quanto curioso, foi ao encontro do cinema nacional. O cinema, nos anos 1930 e 1940, também cumpriu entre nós o papel de divulgação e popularização dos nossos artistas. No que diz respeito à música, a coisa funcionava mais ou menos assim: os filmes eram lançados semanas antes do carnaval para que sua trilha sonora caísse no gosto dos foliões durante a Festa de Momo. Muitas marchinhas de Braguinha e Alberto Ribeiro chegaram ao grande público pelas vozes de cantoras e cantores famosos desses musicais.

Essa ligação começou quando Braguinha conheceu o norte-americano Wallace Downey, homem de negócios ligado à indústria do lazer, e foi convidado para trabalhar na produção de seus filmes no Brasil. Assim, Braguinha e Alberto Ribeiro participariam diretamente de vários filmes, ajudando na escolha do elenco e repertório, na direção do filme, escrevendo o argumento e compondo a trilha sonora.

O primeiro filme que contou com a participação deles foi *Alô, Alô, Brasil*, em 1934, mas os dois trabalharam também em *Alô, Alô, Carnaval*, que tinha nove composições de Braguinha e contava com um elenco dos mais respeitados: Lamartine Babo, Jorge Murad, César Ladeira e a atriz-cantora Carmem Miranda. A marchinha "Cantores de rádio" e o samba "Seu Libório" foram composições interpretadas no filme.

Carmem e Aurora Miranda em cena de *Alô, Alô, Carnaval*.

Depois disso, ainda circulando pelo mundo da sétima arte, Braguinha conheceu o norte-americano Walt Disney, dono dos estúdios de cinema Disney, e, a pedido dele, fez a letra em português das oito canções do filme *Branca de Neve e os sete anões*. Braguinha começava aí mais uma etapa importante da sua carreira e dessa vez seu trabalho estaria diretamente relacionado a outro mundo do qual ele sempre gostou: o das crianças. A trilha sonora de *Branca de Neve* é uma das melhores de todos os filmes da Walt Disney. Difícil encontrar um adulto ou uma criança brasileira que não se lembrem da cena dos sete anões andando em fila pela floresta cantando:

© CARLOS LUVIZARI/CID

Reprodução de quadro de cena do filme *Os 101 dálmatas* com dedicatória de Walt Disney para o neto de Braguinha: *To Braguinha's neto, with best wishes.*

*"Eu vou, eu vou*
*Pra casa agora eu vou*
*Pararatim bum, pararatim bum, eu vou, eu vou."*

Braguinha foi o responsável também pela dublagem do filme e indicou a cantora Dalva de Oliveira e o cantor Carlos Galhardo para fazerem as vozes de Branca de Neve e do príncipe. Depois, foi encarregado das versões brasileiras dos desenhos *Pinóquio* e *Bambi*. Braguinha sempre foi um grande contador de histórias para a filha Maria Cecília e, quando a menina não gostava do final, o pai improvisava. Talvez tenha começado aí o gosto por contar e cantar histórias para as crianças, e graças a isso, além de Maria Cecília, muitas crianças cresceram ouvindo as histórias de Braguinha.

Algumas capas da "Coleção Disquinho".

Depois do filme houve o lançamento da trilha sonora de *Branca de Neve* em disco. Braguinha também foi o pai da "Coleção Disquinho", de disquinhos coloridos, com capas divertidas, nos quais algumas histórias eram literalmente cantadas. Os disquinhos caíram no gosto das crianças. Nesse trabalho Braguinha arquitetou com delicadeza a adaptação das histórias para o Brasil. Branca de Neve, Chapeuzinho Vermelho, Alice, os Três Porquinhos, o Pequeno Polegar, a Gata Borralheira e tantos outros puderam finalmente passear na imaginação das crianças brasileiras.

No final dos anos 1980 a coleção deixou de ser produzida, mas hoje as versões originais podem ser encontradas em CDs para as novas gerações de ouvintes e em livros para a alegria dos novos leitores (e dos pais das crianças que têm até hoje uma relação nostálgica com os disquinhos coloridos).

As músicas de histórias como a de *O macaco e a velha*, *Chapeuzinho Vermelho* e tantas outras são obras de Braguinha. Assim como Walt Disney, Braguinha sabia que são as músicas que fazem com que a gente se relacione com essas histórias, então quando ouvimos e cantamos:

*"Pela estrada afora*
*Eu vou bem sozinha*
*Levar esses doces*
*Para a vovozinha"*

Braguinha com Astréa e a filha Maria Cecília.

...quase acreditamos que essa música e essa história são um pouco nossas também. E como é confortante saber que ao final "junto à mamãezinha dormiremos contentes"!

Podemos imaginar então que, de tudo o que fez Braguinha, foram as histórias infantis que o levavam a reviver sua infância. E a infância, por mais difícil que possa ser, é também a fase em que gargalhamos com os sete anões e morremos de medo de que a boa menina do chapéu vermelho seja devorada por um lobo feio, de boca, olhos e orelhas enormes e muito, muito malvado. É a fase de correr descalço, brincar, jogar bola com amigos, soltar pipa, sujar as mãos, comer todos os doces e transformar cada uma dessas ações em pequenos momentos de grande felicidade.

Braguinha em casa com a família.

Talvez o menino Carlinhos cheio de sonhos, imaginação e também os olhos curiosos e arregalados da menina Maria Cecília naquela tarde de futebol tenham criado as condições para o adulto João de Barro voar, voar, voar, e construir as letras e melodias que encantaram e continuam encantando muitos brasileiros pequenos e grandes pelo país afora.

Charge de Chico Caruso

Graaaande Braguinha!
(1907-2006)